INITIATION

DE

VOLTAIRE

DANS

LA LOGE DES NEUF SŒURS

PRÉCÉDÉE D'UNE NOTICE

SUR VOLTAIRE, LES NEUF SŒURS, LES TRINOSOPHES

ACCOMPAGNÉE DE NOTES EXPLICATIVES

SUR LES FAITS ET LES PERSONNAGES

PAR

A. GERMAIN

Ancien fonctionnaire public

Président de la loge *la Sincérité de l'Eure*, d'Evreux

PRIX : 1 FRANC

PARIS

Bureaux de la *Chaîne d'Union*, rue de la Vieille-Estrapade, 9 ;
TESSIER, librairie maçonnique, rue Jean-Jacques Rousseau, 37 ;
HENRY (Frédéric), libraire, Palais-Royal, 12, galerie d'Orléans.

1874

INITIATION

DE

VOLTAIRE

INITIATION

DE

VOLTAIRE

DANS

LA LOGE DES NEUF SŒURS

PRÉCÉDÉE D'UNE NOTICE

SUR VOLTAIRE, LES NEUF SŒURS, LES TRINOSOPHES

ACCOMPAGNÉE DE NOTES EXPLICATIVES

SUR LES FAITS ET LES PERSONNAGES

PAR

A. GERMAIN

Ancien fonctionnaire public

Président de la loge *la Sincérité de l'Eure*, d'Evreux

PRIX : 1 FRANC

PARIS

Bureaux de la *Chaîne d'Union*, rue de la Vieille-Estrapade, 9 ;
TESSIER, librairie maçonnique, rue Jean-Jacques Rousseau, 37 ;
HENRY (Frédéric), libraire, Palais-Royal, 12, galerie d'Orléans.

1874

Paris, le 1er mars 1874.

Estimable Vénérable et parfait Ami, A. Germain

*Les choses excellentes de l'esprit et les bons enseigne-
ments qui se traduisent en un livre sont rares dans la
franc-maçonnerie française. Vous m'apprenez que vous
possédez en portefeuille l'Initiation de Voltaire, poésie
qui fut couronnée par l'immortelle loge les Trinosophes,
de Paris.*

*Vous avez, mon estimable ami, les sentiments maçon-
niques trop élevés; vous appréciez trop ce que le devoir
commande à un homme de cœur, pour ne pas avoir
compris que vous êtes le possesseur d'un bien appar-
tenant à la franc-maçonnerie entière. Vous ne pouvez
la priver plus longtemps, vous, un des derniers sur-
vivants des Trinosophes, d'une poésie admirable, son
œuvre. Elle sera d'autant plus lue et recherchée, que,
commentée par vous, nous y recueillerons de longs et
précieux souvenirs d'une loge maçonnique française,
dont la mémoire ne s'éteindra que lorsque, en France,
nous cesserons d'être épris de la véritable éloquence;
que lorsque, dans la franc-maçonnerie, on ne cultivera
plus les enseignements sévères de la vertu et l'amour
de l'humanité.*

Publiez donc votre livre, c'est l'ami qui vous en

exprime le vœu, c'est le rédacteur d'un journal de franc-maçonnerie qui le demande au maçon. Quel est le temps qui sollicite mieux que le nôtre l'évocation de l'écrivain le plus français que nous ayons eu, du philosophe qui sut le mieux enseigner, faire aimer, propager l'esprit de tolérance.

J'ai dit, mon estimable ami, n'hésitez plus : tous nous attendons votre livre.

Du meilleur du cœur, votre attaché fr∴,

HUBERT,
De la *Chaîne d'Union*, de Paris.

T∴ C∴ F∴ et Ami,

C'est avec le plus vif plaisir que j'ai lu l'Initiation de Voltaire *et surtout l'intéressante notice dont vous l'avez fait précéder.*

Les francs-maçons liront, j'en suis sûr, avec le plus vif intérêt le récit de cette cérémonie si touchante qui brille d'une façon éclatante dans nos annales maçonniques.

Ce qui m'a frappé dans votre notice, c'est qu'elle abonde en aperçus nouveaux et ingénieux, et qu'elle nous montre d'une manière saisissante le rôle que les écrits puissants de Voltaire ont joué à une époque où la liberté de penser a couru les plus grands dangers, je veux parler de la Restauration.

Je vous félicite donc, cher ami, de l'heureuse pensée que vous avez eue de faire imprimer ce travail, et je ne doute pas que chaque franc-maçon ne tienne à honneur de l'avoir dans sa bibliothèque, si modeste qu'elle soit.

Recevez, etc.

DÉCEMBRE-ALONNIER,
Homme de lettres.
Membre du Conseil de l'Ordre.
Vén∴ de la R∴ L∴ *les Zélés Philanthropes,*
Or∴ de Vaugirard.

UN PHILOSOPHE FRANC-MAÇON

VOLTAIRE

LES TRINOSOPHES. — LES NEUF SŒURS

Dans un moment de si grand trouble dans les esprits, de si honteuses défaillances ; dans un moment de lutte contre toutes les libertés publiques, l'écrit que nous publions vient en son temps, à son heure, comme une protestation patriotique et philosophique en réponse aux attaques violentes prodiguées aux idées modernes, au progrès, à la libre pensée, à la démocratie.

La franc-maçonnerie, quoique frappée par les foudres du Vatican, quoique calomniée, ne poursuit pas moins son œuvre morale avec un courage énergique ; elle progresse (1), elle occupe une large place dans la France de Rabelais et de Voltaire ; elle vient faire entendre sa voix libre et indépendante pour la défense des grands principes philosophiques inscrits dans les institutions maçonniques, elle est fière de parler sous l'éminent patronage du plus grand nom dont s'enorgueillit la France : VOLTAIRE.

Quand on essaye de nous faire retourner en arrière, il est bon de rappeler que cet homme immortel a été par ses écrits le précurseur de la Révolution française ; il a enseigné à nos

(1) La statistique maçonnique constate qu'en 1873 elle compte 18,000,000 d'associés.

*

pères le mépris réfléchi des religions, des mœurs et des lois du passé, mépris qui les affranchissait de toutes les mauvaises traditions en les remettant en pleine possession d'eux-mêmes, en ne les faisant plus relever par la liberté et la tolérance que de leur conscience et de leur volonté, en communiquant à la génération nouvelle une sorte de toute-puissance révolutionnaire.

La franc-maçonnerie, vieille comme le monde, conserve dans ses états de services de vieux parchemins, des lettres de noblesse sur lesquelles elle a inscrit son dogme fondamental : liberté, égalité, fraternité. Un historien moderne (M. Henri Martin) nous enseigne qu'à partir du milieu du XII° siècle, les associations laïques de francs-maçons, c'est-à-dire de maçons libres, commencent à s'affranchir de la direction des prélats dans la construction des églises qu'ils bâtissent et qu'ils décorent librement dans un système et dans un goût nouveaux. C'est à ces associations qu'on doit la magnifique architecture qui atteignit le comble de la splendeur au XIII° siècle.

Les maçons libres du moyen âge ont écrit leur secret sur un des porches de la cathédrale de Chartres ; des statues emblématiques représentant les vertus encadrent l'ogive de ce portail ; après la vertu par excellence, qui est la force ou le courage de l'âme, la première des autres vertus, qui porte couronne en tête, montre de son bras levé son nom sculpté sur la pierre : Liberté.

La franc-maçonnerie a eu une grande importance, au XVIII° siècle, en Angleterre et en France ; elle accueillit dans son sein des hommes de toutes croyances et de toutes les nations ; ils se réunissaient par amour des lumières, de l'humanité et du progrès ; elle a eu ses martyrs par les persécutions de toutes les sectes religieuses ; elle opposait au fanatisme intolérant de toutes les religions un déisme large et indépendant formulé dans la reconnaissance du Grand-Architecte de l'univers, dont tous les francs-maçons sont les ouvriers et les collaborateurs.

Il a existé à l'Orient de Paris une loge maçonnique de la plus haute distinction : on lisait sur ses colonnes les noms de grandes notabilités politiques, administratives, judiciaires, et d'hommes illustres dans les sciences et dans les arts ; il est sorti de son sein des ministres, des députés, de hauts fonctionnaires (1). Un souverain, Guillaume d'Orange, et la loge qu'il présidait (*l'Espérance*) s'étaient fait affilier à cet atelier (1824) ; l'empereur de Russie et la Sainte-Alliance lui en firent de vifs reproches, il les repoussa noblement.

Cette loge, au rite français et écossais, s'appelait TRINOSOPHES ; elle avait écrit sur son médaillon : BIEN PENSER, BIEN DIRE, BIEN FAIRE.

Elle a été longtemps présidée par un des plus fervents apôtres de la maçonnerie (2). En 1828, 1829, 1830, elle eut

(1) Merilhou, Odillon Barrot, Barthe, anciens ministres ; Berville, président de la cour de Paris ; Alexandre de la Borde, préfet de la Seine et député ; Dupin jeune, avocat et député ; Renouard, aujourd'hui procureur général à la cour de cassation, etc., etc., etc.

(2) Desestangs. Il n'est plus ; cet homme, aussi modeste qu'érudit, mérite un bon souvenir pour les services éclatants qu'il a rendus à la maçonnerie. — A la chute du premier Empire et sous l'invasion, voyant la dispersion de la maçonnerie, il rappela les déserteurs par des discours éloquents qu'il prononça en présence de l'Etranger, dans diverses loges, en 1815, 1816, 1817. Dans les premiers temps de la Restauration, ce gouvernement, revenu en compagnie des émigrés, des jésuites, insulta, calomnia, persécuta la maçonnerie ; on ne parlait de rien moins que d'*extermination*. Desestangs, par une parole ferme et courageuse, par de nombreux écrits, travailla à son relèvement ; sa voix fut entendue, les rangs maçonniques se reformèrent, ils se recrutèrent de l'élite d'hommes honorables et instruits.

pour président Berville ; ses principaux officiers étaient des hommes considérables, ses orateurs s'appelaient : Odillon Barrot, Dupin jeune (1).

Le suprême conseil du rite écossais (2), dans sa fête solennelle d'hiver de 1828, fit entendre par son digne président, grand commandeur, le duc de Choiseul, ces paroles :

« ... Les éloquents orateurs des loges françaises que je voudrais toutes nommer, mais parmi lesquelles je me contenterai d'indiquer celle des TRINOSOPHES, digne d'être distinguée par sa belle composition, par la rectitude de ses principes, par le nombre des talens qu'elle a sçu réunir, par sa noble et judicieuse indépendance, et qui vient encore aujourd'hui d'augmenter ses riches colonnes d'un ami distingué, d'un éloquent défenseur des libertés publiques, d'un député de la ville de Paris, du comte Alexandre de la Borde. C'est à nos principes connus, à notre fermeté à parcourir les routes désintéressées de la vraie morale, que nous devons ces belles et honorables paroles adressées au Grand-Orient de France par l'illustre frère Berville... Nous venons de l'admettre au 31e grade ; après avoir nommé ce frère, c'est avoir motivé son juste avancement dans la carrière maçonnique, et combien nous devons nous féliciter de voir inscrit sur notre tableau un nom couronné d'une si belle considération et d'une si grande estime... »

La loge des Trinosophes décida en 1819 que chaque année elle ouvrirait un concours littéraire et philosophique ; elle demandait un morceau de prose et de poésie ; le sujet était

_____

(1) L'auteur de cette notice eut l'insigne faveur d'être leur premier orateur adjoint.

(2) Les grands officiers du suprême conseil étaient : MM. le duc de Choiseul, le comte Muraire, général Fernig, Viennet, Dupin aîné.

inscrit dans un programme qui indiquait la pensée et l'esprit dont les écrivains devaient s'inspirer ; les matières étaient des thèses de morale et de philosophie ou des questions pouvant contribuer à la prospérité de la maçonnerie.

Cet exemple a eu trop peu d'imitateurs, il est fâcheux que la tradition ne s'en soit pas conservée. Dans cet appel, il y avait pour tous les francs-maçons de cœur une excellente occasion d'affirmer leur foi, leurs convictions, de relever l'institution maçonnique, de faire connaître son but, sa morale.

En 1828, les trinosophes avaient demandé un cantique ; plusieurs furent envoyés au concours. Le sujet de prose était une étude sur *la charité* et *les moyens d'extinction de la misère*. L'un des mémoires fut couronné (1). Le sujet de poésie, pour la seconde fois mis au concours, était : *l'Initiation de Voltaire dans la loge des Neuf Sœurs.*

Ce grand événement dans les annales de la maçonnerie était de nature à parler haut à la verve poétique ; il était beau de célébrer un des derniers actes de la vie du grand poëte, du grand philosophe, de l'apôtre ardent de l'humanité qui, un pied dans la tombe, venait modestement se placer sous le niveau de l'égalité, lui qui, depuis longtemps, n'avait plus d'égaux.

Deux pièces d'un mérite différent avaient été soumises au jury d'examen du concours ; l'une d'elles fut particulièrement remarquée ; c'est celle que nous publions (2).

(1) Son auteur était M. Albert Assegond, docteur en médecine à Sèvres, membre affilié de la loge des *Trinosophes* et membre actif de la loge *Saint-Augustin-de-la-Bienfaisance*, à l'Orient de Boulogne (Paris).

(2) L'auteur de cette notice était rapporteur du jury d'examen.
La loge *les Trinosophes* n'existe plus... Son nom a survécu ; il est dignement porté par un atelier de Paris, *les Trinosophes-de-*

La loge des Neuf Sœurs, à laquelle Voltaire avait demandé l'initiation, a été une des gloires de la maçonnerie. Elle avait été fondée en 1776 par Lalande ; il y avait réuni une brillante société composée principalement d'hommes de lettres ; elle était une création essayée par Helvétius, dont la mort avait interrompu la réalisation ; elle comptait parmi ses membres les hommes les plus distingués de l'époque ; elle était présidée par le célèbre astronome Lalande (1). Ses orateurs étaient : Changeux, de la Dixmerie, l'abbé Remy, savants et littérateurs. Sur ses colonnes siégeaient des hommes d'Etat, des savants, des jurisconsultes : Mollien, François de Nantes, Neufchâteau, Lacépède, Court de Gebelin, de Séze, Cabanis, etc., etc. Les poëtes, les auteurs dramatiques s'appelaient : Chamfort, Cailhava, Parny, Lemierre, Lachaussée, Imbert, Roucher, Fontanes, etc., etc. Les compositeurs lyriques et les peintres étaient : Dalayrac, Piccini, Greuze, Vernet, etc., etc.

En 1779, de la Dixmerie se chargea de prononcer l'éloge de Voltaire ; puis on entendit plusieurs morceaux de poésie dédiés à Mme Denis, sa nièce.

La loge des Neuf Sœurs existait encore en 1846.

Bercy. Son président, M. Foussier, aujourd'hui membre du conseil d'administration du Grand-Orient, nous a écrit : « Nous vivons modestement, faisant le plus de travail que nous pouvons, sans espérer d'atteindre le point culminant où brillait notre homonyme, qui fut à l'époque la plus considérable la loge la plus brillante parmi toutes, et dont l'éclat éclipsait toutes ses sœurs. »

La Chaîne d'Union, cette excellente revue de la maçonnerie universelle que dirige M. Hubert avec autant de distinction, de dévouement maçonnique que de désintéressement, annonce dans un de ses numéros qu'une nouvelle loge se fonde à Lyon, sous le nom des *Trinosophes-de-Lyon.*

(1) Lalande, né le 11 juillet 1732, est mort le 4 avril 1807, à l'âge de soixante-quinze ans.

Notre intention était de ne parler que des derniers mois de l'existence du franc-maçon de la loge des Neuf Sœurs ; notre admiration voltairienne l'a emporté : nous avons fouillé dans les pages de cette noble vie au point de vue philosophique, humanitaire et fraternel. Nous allons en dire quelques traits saillants.

Si la longue carrière de Voltaire a eu ses moments de triomphe, d'enthousiasme, de reconnaissance publics, elle a été traversée par de douloureuses épreuves, l'exil, la prison, les persécutions violentes de la part des écrivains jaloux de sa gloire et des sectes jésuitiques qui ne pouvaient lui pardonner ses écrits philosophiques. Il répondit un jour au lieutenant de police qui lui disait : « Quoi que vous écriviez, vous ne viendrez pas à bout de détruire la religion chrétienne. — C'est ce que nous verrons. » Une autre fois, il avait dit : « Je suis las d'entendre répéter que douze hommes ont suffi pour établir le christianisme, et j'ai envie de leur prouver qu'il n'en faut qu'un pour le détruire. »

Il lui prend un jour la spirituelle fantaisie d'attester solennellement que le catholicisme, qui s'impose comme religion d'État, conduit forcément au sacrilége : « Pour mourir selon les lois du royaume, je dois faire acte de bon catholique ; allons, communiez-moi, dit-il un jour au curé de Ferney, qu'il avait requis par huissier. » Et il fit dresser un acte authentique de cette communion. L'auteur de *Candide* ne pouvait donner un plus rude coup à la doctrine de la religion d'État.

La bienfaisance, la haine de l'injustice, de l'oppression, ont été chez lui une véritable passion ; le sentiment d'une bonté active le dominait, il aimait les malheureux, il les secourait plus qu'il ne haïssait ses ennemis. — L'amour de la gloire ne fut chez lui qu'un sentiment subordonné au sentiment de

l'humanité. Il a existé peu d'hommes qui aient honoré leur
vie par plus de bonnes actions et qui l'aient souillée par
moins d'hypocrisie. Il a, dans un vers touchant, dit ce qui
emplissait son âme :

> J'ai fait un peu de bien, c'est mon meilleur ouvrage.

Il a entrepris la grande tâche de faire réformer des arrêts
de mort prononcés par de fanatiques sectaires contre des
innocents. Ces crimes judiciaires avaient révolté sa grande
âme ; en même temps qu'il plaidait la cause de l'innocence, il
plaidait celle de la tolérance. Il fit casser l'arrêt de Toulouse
et réhabiliter la mémoire de Calas. Cette affaire l'occupa
pendant plus de trois années. Il disait : « Durant tout le
temps, il ne m'est échappé un sourire que je ne me le sois
reproché comme un crime. »

Sirven, cet autre condamné à mort, va chercher un refuge
près du sauveur de Calas. Grâce aux écrits chaleureux de
Voltaire, il fut sauvé.

Un jour que la foule l'entourait, on demandait à une femme
du peuple qui était cet homme qui traînait ainsi la foule après
lui : « Ne savez-vous pas, répondit-elle, que c'est le sauveur
des Calas. » Il connut cette réponse ; au milieu des marques
d'admiration qui lui étaient prodiguées, ce fut ce qui le toucha
le plus et jusqu'aux larmes.

En 1776, un jeune militaire de dix-sept ans, Labarre, et
son ami d'Etalonde sont poursuivis par l'évêque d'Amiens et
condamnés à mort par les juges d'Abbeville. Le premier est
exécuté ; ce fut une révolte dans tous les esprits. D'Etalonde
se réfugie près de Voltaire, qui obtient pour lui de Frédéric
un grade dans l'armée prussienne ; il fut sauvé.

Il arrache à la mort une femme Montbailli, accusée de par-

ricide ; il obtient la révision du procès, elle est reconnue
innocente.

Un jugement avait condamné à mort le comte de Lally.
Cette condamnation indigna Voltaire. Il entreprit la cassation
de l'arrêt et sa réhabilitation. Hélas ! il était trop tard : la
justice avait eu son cours...

La servitude, qui avait été abolie, subsistait encore dans la
Franche-Comté, des moines exerçaient brutalement leurs
droits sur de malheureux habitants ; ces infortunés serfs
apprennent qu'au pied du mont Jura existe un homme dont
la voix courageuse a, plus d'une fois, fait retentir les plaintes
de l'opprimé jusque dans le palais des rois, et dont le nom
seul fait pâlir la tyrannie sacerdotale ; ils viennent lui peindre
leurs maux ; ils sont renvoyés devant un tribunal qui se fait
un plaisir barbare de resserrer leurs fers ; ils sont obligés
d'abandonner leur patrie et leurs chaumières pour fuir le
despotisme monacal.

Quels nobles, quels éclatants, quels glorieux états de
services dans la vie d'un homme, dans l'histoire de l'humanité et de la fraternité !

Deux grands événements, au commencement de 1778,
passionnaient Paris et la France : la Révolution américaine
et le retour de Voltaire à Paris, après vingt ans d'absence
(10 février 1778) ; aucune défense officielle ne lui interdisait
la capitale ; il ne voulut pas mourir sans avoir revu sa ville et
ses Parisiens. Le clergé, l'archevêque de Paris demandent en
vain qu'on l'exile de nouveau. La reine, qui allait à tout ce
qui brille, voulut qu'il fût présenté au roi ; le dévot Louis XVI
s'y refusa, mais Paris le dédommagea amplement de l'absten-
tion de Versailles.

La foule se porte chez lui comme à l'audience d'un
souverain, du souverain de la pensée ; il ne pouvait

**

se montrer aux fenêtres sans être salué de mille acclamations.

Dans une entrevue avec le grand ministre Turgot, il lui avait dit en pleurant : « Laissez-moi baiser cette main qui a signé le salut du peuple. »

L'Académie en corps se transporte au-devant de lui, honneur qu'elle ne rendait pas même aux rois étrangers ; la Comédie-Française vient lui offrir ses hommages.

Epuisé aux portes du tombeau par tant d'émotions et de fatigues, l'énergique vieillard se relève un moment, se prodiguant à tous. La maladie le force à garder la chambre : la reine, le comte d'Artois lui adressent des marques d'intérêt, tous les grands de la cour, toutes les illustrations se pressent autour de lui.

Le mal s'aggrave ; il refuse de renouveler une profession de foi catholique qu'on avait obtenue de lui pendant sa première maladie ; le 28 février, il remit à son secrétaire cette déclaration écrite: « Je meurs en adorant Dieu, en aimant mes amis, en détestant la superstition. »

« Avant sa maladie, raconte d'Alembert, il m'avait demandé comment je lui conseillais de se conduire... Ma réponse fût qu'il ferait bien d'agir en cette circonstance comme tous les philosophes qui l'avaient précédé et qui avaient suivi l'usage. — Je pense de même, me dit-il, il ne faut pas être jeté à la voirie, comme j'y ai vu jeter la pauvre Le Couvreur. » (Lettre au roi de Prusse, 17 juillet 1778.)

La Comédie-Française représente une tragédie, fruit de sa vieillesse, *Irène*. Voltaire, sortant du Louvre et de l'Académie pour se rendre à la sixième représentation, traverse le Carrousel aux applaudissements d'une foule immense ; au théâtre l'attendaient les plus grands honneurs ; les hommes de la cour remplissaient le théâtre ; les femmes, en grande toilette,

debout dans leurs loges, battaient des mains ; le comte
d'Artois avait assisté à la représentation ; la reine s'en était
abstenue sur un ordre exprès du roi.

Après la représentation, le buste du grand poëte est couronné sur la scène au milieu d'un vrai délire public ; Voltaire
est forcé, par les cris des spectateurs, de se présenter sur le
devant de sa loge, et, pleurant de joie, il dit : « Vous voulez
donc me faire mourir de plaisir. »

A sa sortie du théâtre, se soutenant à peine, il est obligé de
percer la foule entassée sur son passage ; à son approche
chacun se dispute l'honneur de le soutenir pour l'aider à
descendre ; au dehors, la foule émue le suit jusqu'à son hôtel ,
on se précipite à ses pieds, on baise ses vêtements.

Un grand philosophe de ses amis qui a écrit sa vie, c'est
une glorification du maître par un disciple de génie, Condorcet,
a dit : « Jamais homme n'a reçu des marques plus touchantes
de l'admiration, de la tendresse publique ; jamais le génie
n'a été honoré par un hommage plus flatteur. Ce n'était point
à la puissance, c'était au bien qu'il avait fait que s'adressaient
ces hommages. Un grand poëte n'aurait eu que des applaudissements ; les larmes coulaient sur le philosophe qui avait
brisé les fers de la raison et vengé la cause de l'humanité. »

Franklin qui, dans un autre hémisphère, avait été l'apôtre
de la philosophie et de la tolérance, était venu en France
comme ambassadeur de la jeune et grande République américaine ; il s'empresse d'aller visiter le grand philosophe. Il
lui présente son petit-fils en lui demandant pour lui sa bénédiction : « *God and Liberty* (Dieu et Liberté), s'écrie
Voltaire, voilà la seule bénédiction qui convienne au petit-
fils de M. Franklin. »

Ces deux grands hommes se retrouvent à une séance publique de l'Académie des sciences. L'assistance contemplait

avec attendrissement ces deux vieillards qui s'embrassèrent au bruit des acclamations. On s'écrie : « C'est Solon qui embrasse Sophocle. » Le Sophocle français avait détruit l'erreur et avancé le règne de la raison ; le Solon de Philadelphie, appuyant sur la base inébranlable des droits de l'homme la constitution de son pays, n'avait point à craindre de voir, pendant sa vie même, ses lois incertaines préparer des fers à son pays et ouvrir la porte à la tyrannie.

Voltaire, dans son *Dictionnnaire philosophique*, au mot : *initiation*, après s'être moqué des mystères de l'antiquité, raille amèrement les mystères maçonniques en ces termes : « Aujourd'hui même encore, nos pauvres francs-maçons jurent de ne point parler de leurs mystères ; ces mystères sont bien plats ; mais on ne se parjure presque jamais. »

Franklin et Lalande lui firent comprendre que la maçonnerie avait un but sérieux, dont les mystères de l'institution n'étaient qu'un emblème extérieur ; on lui démontra que la maçonnerie avait accepté la philosophie du xviiie siècle, que ses principes se faisaient solennellement entendre dans les temples maçonniques par les Diderot, Condorcet, Helvétius, d'Holback, etc., etc. ; il témoigne le désir de faire partie, avant de mourir, de la grande famille maçonnique, il choisit la loge à laquelle appartenaient ces deux célèbres maçons et le marquis de Villette, l'époux de celle qu'il avait surnommée *Belle-et-Bonne*.

Le 2 avril 1778, Voltaire, présenté par l'abbé Cordier de Saint-Firmin à la loge des *Neuf Sœurs*, fut conduit dans le parvis du temple, où le reçurent Lalande, son président, le président de Meslay, marquis Delort, abbés Bignon et Rémy Cailhava, Mercier, Fraboni et Dufresne ; son introducteur fut le chevalier de Villars. Les épreuves furent toutes morales ; l'interrogatoire fut tout un enseignement philosophique comme il convenait à un profane du nom de Voltaire ; sa réception fut un véritable triomphe, et longtemps après, on n'en parlait qu'avec enthousiasme et les larmes dans les yeux.

Un incident fit une grande impression sur tous les esprits : Lorsque Lalande présenta à l'heureux néophite les gants de femme qu'il est d'usage de donner à l'initié, Voltaire, en les prenant, se tourne vers le marquis de Villette, les lui remet en disant : « Puisque ces gants sont destinés à une personne pour laquelle on me suppose un attachement honnête, tendre et mérité, je vous prie de les présenter à Belle-et-Bonne (1)... »

Le 20 mai, la maladie de Voltaire s'aggrave ; cette vie si glorieuse s'éteignit le 30 mai ; il avait quatre-vingt-quatre ans, après avoir fait retentir le monde de son nom depuis soixante ans.

Cet événement fut un deuil public.

Voltaire, dans ses derniers moments, voulut éviter qu'ils fussent troublés par des persécutions sacerdotales ou des scènes d'intolérance.

Un prêtre et le curé de Saint-Sulpice, un de ces hommes moitié hypocrite, arrogant dans son fanatisme avec la souplesse d'un jésuite, voulurent obtenir de Voltaire une rétractation complète de ses erreurs ; ils tenaient surtout à lui faire reconnaître la divinité de Jésus-Christ, ils troublèrent son agonie et lui criaient avec fureur : « Croyez-vous à la divinité de Jésus-Christ ? — Au nom de Dieu, monsieur, ne me parlez plus de cet homme-là et laissez-moi mourir en repos. »

Le clergé lui ayant refusé la sépulture, sa famille fait trans-

(1) Ces détails sont empruntés à un excellent travail de M. Décembre-Alonnier, dans un discours qu'il a prononcé le 27 septembre 1873, à l'occasion du *centième anniversaire* de la fondation du Grand-Orient, discours qui a obtenu de légitimes et unanimes applaudissements.

★★★

porter ses restes à l'abbaye de Scellières, dont son neveu était abbé ; son inhumation a lieu dans la nef de l'abbaye.

L'évêque de Troyes ordonne de ne point procéder à son enterrement. L'Académie, suivant un ancien usage, demande aux Cordeliers un service religieux ; l'archevêque de Paris, Beaumont, si connu par son ignorance et son fanatisme, le défend. On enjoint aux feuilles publiques de ne pas annoncer sa mort et aux comédiens de ne jouer aucune de ses pièces.

Une grande réformation sociale et politique, la Révolution française, va donner à la mémoire de Voltaire un éclatant témoignage de justice publique : ses mânes allaient reposer dans ce monument national qui avait inscrit sur son fronton : « Aux grands hommes la patrie reconnaissante. »

La municipalité de Paris demande à l'Assemblée nationale la translation des restes de Voltaire au Panthéon, elle est ordonnée par un décret de mai 1791.

Le 11 juillet, le transfèrement a lieu dans une cérémonie imposante, au milieu d'une foule immense, entourée de députations de l'Assemblée nationale, de la municipalité, de tous les grands corps de l'Etat, escortée de nombreuses troupes et au bruit de morceaux d'harmonie. La marquise de Villette, élevée sous les yeux de Voltaire, comme une fille adoptive, descend en larmes au passage du cortége déposer une couronne sur la statue du grand homme.

Voltaire a été la glorieuse personnification du génie et de l'âme de la France, la providence de notre société laïque, souffle veillant et faisant sentinelle dans les époques de tolérance, de progrès, d'instruction, de liberté ; les efforts de ses ennemis ensoutannés auront beau faire, sa pensée philosophique survivra impérissablement.

Si l'on considère l'ensemble de sa longue carrière, consacrée tout entière à une seule et noble idée, on doit vénérer profondément sa mémoire. Son amour de la tolérance, de la liberté de conscience, son indignation contre toute oppression, sa défense courageuse des Calas, des Sirven, de La Barre, de Lally, etc., etc., font de lui un type éminent... Il est dans la bataille pour la bonne cause, il se bat bien, honneur à lui !

Sous la Restauration, ce gouvernement clérical, la légende voltairienne se fait entendre dans les amphithéâtres consacrés à l'enseignement de la jeunesse par la haute parole des Michelet, des Quinet.

« Qu'on prenne garde à Voltaire ! s'écrie un jour Michelet, cet homme-là ressuscite quand on y pense le moins... Chaque fois qu'on s'appuie sur Tartufe ou qu'on veut s'y appuyer, Voltaire est là qui vous regarde. . . »

La librairie publie des éditions populaires des œuvres de Voltaire, on fabrique des tabatières à la voltaire.

A Paris, un quai, un boulevard portent son nom ; une souscription publique a été faite dans ces derniers temps pour l'érection d'une statue à Voltaire, l'ancien ami du grand Frédéric, elle a eu l'insigne honneur de recevoir les obus Prussiens, mais à l'heure actuelle, grâce au mauvais vouloir de l'administration, cette statue est encore à trouver sa place.

Un sénateur du second Empire, Sainte-Beuve, a été assez hardi pour faire entendre en face du banc des cardinaux, une solennelle profession de foi en proclamant l'excellence du *Dictionnaire philosophique.*

En 1821, quand le Panthéon fut rendu au culte, l'autorité fit enlever le sarcophage de Voltaire pour l'enfouir dans un caveau dont l'entrée est murée ; dès 1819, les restes de Voltaire avaient été enlevés par des ecclésiastiques, mis dans une voiture et précipités dans la Seine au-dessus de Paris...

Voltaire redoutait d'être jeté à la voirie, cette apothéose ne lui a pas manqué.

Le cœur de Voltaire, déposé à Ferney, puis au château de Villette, a été donné en 1864 par les héritiers de Villette à la Bibliothèque nationale, où il est déposé.

En 1819, au moment de la submersion des restes de Voltaire eut lieu une grande solennité maçonnique en souvenir du franc-maçon de la loge des Neuf Sœurs.

Une loge d'adoption, attachée à celle des *Amis des arts et des lettres*, fut inaugurée le 9 février 1819, dans une cérémonie du soir, donnée à l'hôtel de la marquise de Villette (1) ; cette loge prit le nom de *Belle-et-Bonne*, que Voltaire lui avait donné.

La couronne que Voltaire avait reçue de la Comédie-Française était exposée aux yeux des amis de la liberté et de la philosophie ; chacun se disait : « Une feuille de cette couronne suffirait à ma gloire. »

Une grande tragédienne récite, devant le buste de Voltaire, l'ode de Marmontel, à laquelle l'auteur de la tragédie de *Bélisaire* avait ajouté pour la circonstance, des strophes d'un heureux à-propos qui rappelaient ces vers du grand poëte :

> ..... La déesse éternelle,
> L'âme des grands travaux, l'objet des nobles vœux,
> La Liberté !.....

Cette fête philosophique avait réuni un grand nombre d'hommes de toutes les distinctions, Mme de Villette en fit les honneurs avec une grâce toute aimable ; elle prodigua à tous les admirateurs du grand homme dont elle avait été aimée, les marques d'un attendrissement qui fut partagé par tous.

---

(1) La marquise de Villette avait été élevée sous les yeux de Voltaire, par les soins de Mme Denis, sa nièce ; son affection, sa vénération pour Voltaire, qui l'avait surnommée *Bellé-et-Bonne*, n'ont cessé qu'avec sa vie ; elle est morte en 1822, à l'âge de soixante-quatre ans.

En nous séparant de Voltaire, nous ne pouvons mieux le résumer qu'en reproduisant le jugement qu'à porté sur lui un de ses grands admirateurs, un célèbre écrivain allemand, Gœthe :

« Profondeur, génie, imagination, goût, raison, sensibilité, philosophie, élévation, originalité naturelle. esprit, bel esprit, bon esprit, facilité, flexibilité, justesse, finesse, abondance, variété, fécondité, chaleur, magie, charme, grâce, force, coup d'œil d'aigle, vaste entendement, riche instruction, excellent ton, urbanité, vivacité, délicatesse, correction, pureté, clarté, élégance, harmonie, éclat, rapidité, gaieté pathétique, subli-mité, universalité, perfection enfin... voilà Voltaire.

« ... Voltaire est la création la plus étonnante de l'auteur de la nature, création où il s'est plu à rassembler une seule fois, dans la frêle et périlleuse organisation humaine, toutes les variétés du talent, toutes les gloires du génie, toutes les puissances de la pensée. »

A. GERMAIN,

Ancien Directeur des Affaires de l'Algérie au Ministère de la Guerre.
Ancien Maître des Requêtes au Conseil d'Etat.
Président de la loge *la Sincérité de l'Eure*, Orient d'Evreux.

INITIATION DE VOLTAIRE

DANS LA LOGE DES NEUF SOEURS [1]

(Addendum est.)
2 avril 1778.

La séance étant ouverte, le célèbre astronome Lalande, qui la préside, rappelle les titres du récipiendaire en ces termes :

LALANDE, *vénérable*

Un illustre mortel présenté parmi nous,
Vient nous offrir un nom que nous chérissons tous ;
Ses droits sont des bienfaits, ses titres sont la gloire.
En consacrant ses jours aux filles de mémoire,
Il sut du genre humain retracer les malheurs,
Pour l'instruire et l'armer contre ses oppresseurs.
Soutien de la vertu, sa raison tutélaire
Accueillit l'infortune et lui servit de père ;
Avant de les connaître il pratiquait nos lois ;
Voltaire est dans nos cœurs, il réunit nos voix.
Vers ce temple déjà le grand homme s'avance :
Soyons digne de lui... (A l'assemblée.) Qu'on garde le silence.

(1) L'auteur a désiré garder l'anonyme.

Voltaire est introduit dans le temple, où règne le plus profond silence. On le fait asseoir, et, après un moment de recueillement, le vénérable s'exprime ainsi :

LALANDE

L'homme est libre et pourtant il gémit dans les fers ;
Il rêve le bonheur au milieu des revers ;
Toujours il le désire, il le cherche sans cesse ;
A se créer des maux trop souvent il s'empresse,
Et de ses passions l'usage dangereux,
Est à lui nécessaire et le rend malheureux.

Profond silence.
Lalande frappe un coup, puis il s'adresse à Voltaire :

LALANDE

Quel motif si puissant en ces lieux vous amène ?
L'homme est né curieux et le penchant l'entraîne ;
Mais vous, dont l'univers admire les travaux,
Vous avez des desseins plus nobles et plus beaux :
Quels sont-ils ?

VOLTAIRE

        Arrivant au bout de ma carrière,
J'ai voulu parmi vous et pour leçon dernière
Entendre la raison prêcher l'humanité ;
Enseigner la science avec la vérité.
Je savais dès longtemps par des récits fidèles,
Que l'honneur, les vertus ont ici des modèles ;
Embrasser votre culte est un vœu de mon cœur :
Du nom de franc-maçon je brigue la faveur.

LALANDE (après un moment de silence)

De larmes, de débris le lugubre assemblage,
De la destruction vous présente l'image.
La lumière qui brille à la voûte des cieux,
Un bandeau maintenant la dérobe à vos yeux.
Quels pensers ces objets en votre âme ont fait naître ?

VOLTAIRE

Sans savoir ce qu'il est, craignant ce qu'il doit être,
Plongé dans l'ignorance et jouet de l'erreur,
L'homme rampe et s'éteint dans cette nuit d'horreur.
Aux éléments rendu son corps n'est que poussière ;
Sa mémoire périt s'il ne fut que matière.
Mais quand la vérité secouant son flambeau,
Des yeux de tout mortel arrache le bandeau,
Quand sa vive lumière a percé les ténèbres,
Bravant la faulx du temps, de ses débris funèbres
L'homme sort tout entier, et l'immense avenir
Conserve de sa vie un juste souvenir.

LALANDE

Eh quoi ! l'homme est-il donc d'une essence divine ?
Serait-il immortel ?

VOLTAIRE

                    Non ; mais chacun devine
Que ce feu qu'en son cœur la nature alluma,
Est le souffle immortel du Dieu qui le forma ;
Que cette âme un instant dans un corps arrêtée,
Vers sa source bientôt par la mort est portée ;

Qu'à l'étude, ce Dieu, sut consacrer nos jours,
Et que la vertu seule en doit marquer le cours.

LALANDE

Ainsi l'homme a le droit de penser, de s'instruire;
Il peut examiner, adopter ou proscrire,
Et sa raison fidèle en assurant son choix,
Du Dieu dont vous parlez obéit donc aux lois?
Cependant notre esprit en erreurs est fertile;
Pour le bien des humains l'erreur est-elle utile?

VOLTAIRE

L'erreur est un poison et des maux le plus grand,
D'un peuple trop crédule elle est l'affreux tyran.
Complice du mensonge elle asservit la terre,
Et le ciel à sa voix est armé du tonnerre.
Couvrant son front hideux d'un voile respecté,
L'homme séduit par elle, en ses fers arrêté,
Interroge en tremblant sa raison confondue;
La pensée est muette en son âme éperdue.
Bientôt le fanatisme inspire sa fureur,
Trouve un esclave aveugle, ardent exécuteur,
Et livrant un bras sûr au crime qui le guide,
Il met un fer sanglant dans la main d'un séide.
Ce n'est pas, toutefois, que la fatalité
Ait, aux tristes mortels, ravi la liberté;
L'erreur de notre esprit atteste la faiblesse
Et prouve d'un Dieu seul l'infaillible sagesse;
Mais notre intelligence, en dirigeant nos pas,
Loin de la vérité ne nous égare pas.

En comparant les faits et les choses entre elles,
Elle acquiert chaque jour des lumières nouvelles,
Et libre de choisir, la balance à la main,
L'homme pèse en son cœur et le mal et le bien.

LALANDE

Il est vrai, l'homme est libre et sa raison l'éclaire;
Mais à former des vœux son cœur est téméraire;
Du feu des passions son esprit enivré,
En commençant la vie aux combats est livré.
Tel est notre destin... nos antiques usages
Vont le peindre à vos sens. (A l'expert.) Qu'on fasse les voyages
(A Voltaire.) Ici, vous le savez, tout est mystérieux :
Confiez votre main.

Lalande frappe un coup.
Voltaire fait le 1er voyage, et le 1er surveillant annonce qu'il est fini.

LALANDE

                    Votre marche en ces lieux
Tortueuse, incertaine, au bruit de la tempête,
Qu'offre-t-elle ?

VOLTAIRE

                    Un emblême... aux troubles qu'elle apprête,
L'ignorance attachant nos aveugles desseins,
Au choc des intérêts livre tous nos destins.
Comme des flots battus les passions s'agitent;
Le vice et la vertu qui dans notre âme habitent,
S'y disputent nos jours et forment ces ressorts
Qui portent dans nos cœurs la joie ou les remords.
L'image de la vie est ici présentée.

LALANDE

L'infortune est souvent par l'orgueil enfantée ;
L'ambition nous perd et produit bien des maux ;
Le mensonge à son tour monté sur ses tréteaux
Débite ses poisons qu'il vante avec adresse,
Et calcule en secret sur l'humaine faiblesse.
Comment nous préserver de ces écueils divers ?

VOLTAIRE

En suivant la raison, en fuyant les pervers,
En aimant la vertu par l'exemple enseignée,
En vengeant de l'erreur la nature indignée.
L'orgueil, en opprimant, fait-il des malheureux ?
Offrez à l'indigence un secours généreux.
Dieu fit la vérité, l'homme a fait le mensonge ;
Tirez l'esprit humain de la nuit où le plonge
Ces dogmes du pouvoir par le fourbe établis ;
Frappez, en instruisant, les préjugés vieillis.
Les sciences, les arts, par leur noble influence,
Rapprocheront des rangs la gothique distance,
Et le mérite seul, rompant l'égalité,
Fera l'homme plus grand dans la société.

LALANDE

La raison, dites-vous, doit nous tracer la route ;
Qui la connaît ?

VOLTAIRE

Chacun.

LALANDE

Tout mortel ?

VOLTAIRE

Oui, sans doute.

LALANDE

Mais comment ?

VOLTAIRE

S'il consulte et s'il suit cet instinct
Qui nous dit que l'injuste est du juste distinct,
Qui nous montre le bien, forme la conscience,
Et de la vérité fait sentir la puissance.

LALANDE

D'où vient donc le mensonge et qui l'a pu créer ?

VOLTAIRE

L'intérêt.

LALANDE

Parmi nous qui le peut conserver ?

VOLTAIRE

L'ignorance, qui sert aux dépens d'elle-même,
Mais qui, dans ses fureurs, met son bonheur suprême ;
Qui voit, en frémissant, le savoir respecté
Et la vertu rougir de son joug détesté.
De nos maux l'ignorance est la source féconde ;

Mais il est des vertus pour consoler le monde.

L'homme se doit l'honneur et l'estime de soi ;

Se conserver, s'instruire est sa première loi.

Lalande frappe un coup.

Le 2e voyage se fait, le 1er surveillant annonce qu'il est terminé.

LALANDE

Qu'avez-vous entendu ?

VOLTAIRE

Les combats qu'en la vie,

La vertu livre au mal qui la tient asservie.

Mais par leurs bruits confus, des glaives meurtriers

Annonçaient à mes sens, qu'ainsi que des guerriers,

Les mortels ici-bas défendant leurs semblables,

Leur doivent du talent les armes secourables.

Venger l'humanité de tyrans imposteurs ;

De l'amitié porter les soins consolateurs ;

Faire ce qu'on voudrait qu'on nous fît à nous-mêmes ;

Ce sont là nos devoirs, ce sont nos lois suprêmes.

LALANDE

Un homme a-t-il le droit d'exiger qu'aujourd'hui,

Changé depuis hier, je pense comme lui ?

Peut-il frapper de mort mon esprit, ma pensée,

Punir ma conscience en sa rage insensée ?

Ou bien pour échapper aux persécutions,

Dois-je, en portant des fers, servir ses passions ?

Voltaire

Penser est l'heureux don que nous fit la nature
Lui seul vers son auteur porte la créature.
Nul pouvoir, ici bas, ne saurait nous l'ôter ;
Le pouvoir est réduit à nous persécuter.
Mais l'homme généreux qu'un vrai courage anime
Oppose à la puissance une âme magnanime.
Juste en sa volonté, ferme dans ses desseins,
Il brave avec sang froid le fer des assassins.
Aux fureurs des partis il offre la constance,
L'exemple du passé, sa vie et son silence.

Lalande

Sous l'empire du mal quand le génie s'éteint,
L'homme n'a plus l'espoir qui l'aide et le soutient ;
Mais lorsque la raison, la vérité détruites,
Tombent sous les efforts des sots, des hypocrites ;
Pour être distingué des plus vils animaux
Que nous reste-t-il ?

Voltaire

Rien.

Lalande

Fiers d'avoir des égaux,
Satisfaits de leur sort, sans regretter la vie,
Les Romains combattaient, mouraient pour la Patrie :
Quel délire ?

VOLTAIRE (l'interrompant)

        Arrêtez, ce trépas glorieux,
Cet amour du pays, aux Romains précieux,
Ont produit des héros et des vertus civiques ;
Ce peuple, si jaloux des libertés publiques,
Avait une patrie.

LALANDE

        Et qui donc n'en a pas ?

VOLTAIRE

L'esclave qui gémit et qui, tendant les bras,
Appelle un avenir pour terminer sa peine,
Mais tremble sous un maître et meurt avec sa chaîne.

LALANDE

Oui, l'esclave est à plaindre, et sa soumission
Au rang des animaux met sa condition.
Puisse la vérité répandre la lumière !
Ramener les mortels à leur vertu première !
Et libres par des lois, exempts de préjugés,
Des liens de l'erreur à jamais dégagés,
Puissions-nous rallier à la philosophie
Ceux que l'orgueil tourmente et qu'aveugle l'envie !

    Lalande frappe un coup. Le dernier voyage se fait et ensuite
les dernières épreuves ; pendant ce temps, Lalande parle ainsi :

LALANDE

A Thèbes, dans Memphis en invoquant les dieux,
Le grand prêtre employait l'eau lustrale et les feux ;

Il purifiait l'homme et d'une ère nouvelle,
Dataient les jours plus doux qui naissaient avec elle.
Mais vous goûtez déjà votre immortalité;
Votre gloire appartient à la postérité;
Du passé jouissant quand l'avenir commence
Tel qu'un Dieu protecteur vous éclairez la France,
Venez sur nos autels former l'engagement
Qui va tous nous unir sous la foi du serment.

Voltaire approche de l'autel et pose la main droite dessus.
Lalande alors continue ainsi :

LALANDE

Dieu qui lis dans les cœurs accepte cet hommage
Du plus grand des Français, de ta plus digne image !
Vous, mânes de Brutus, ombre de Cicéron,
Vertueux citoyen, vous austère Caton,
Recevez le serment que va prêter Voltaire !
Comme vous, des bienfaits ont rempli sa carrière.

Voltaire prête le serment, puis il est conduit entre les deux colonnes.
Lalande avant de lui faire donner la lumière, s'exprime ainsi :

LALANDE (Il frappe le 1er coup.)

L'étude élève l'homme et détruit le bandeau
Que l'ignorance impose et qu'on prend au berceau.

(Il frappe le 2e coup.)

Vous avez répandu la lumière immortelle;

(Frappant le 3e coup, la lumière apparaît.

Commencez maintenant une vie éternelle.

Après un moment de silence, Lalande continue :

Grand homme ! recevez au milieu des Neuf Sœurs,
Et les respects du monde et les vœux de nos cœurs.
Soixante ans de travaux illustrant la patrie,
Au rang des demi-dieux ont placé le génie.
Dans le temple sacré soyez comme Apollon
Qui commande aux Neuf Sœurs sur le mont Hélicon.
Ce fer tourné vers vous, c'est l'arme du courage,
L'appui de la vertu, le protecteur du sage ;
Tous, nous irons, pour vous soutenir, des combats
Affronter les périls et braver le trépas...
Au nom du Dieu puissant que l'univers adoré,
Aux pieds de cet autel venez jurer encore
D'offrir aux malheureux une utile pitié,
Et par un culte pur de servir l'amitié.

Lalande descend du trône, il s'approche de Voltaire après qu'il a eu
renouvelé le serment, il lui présente le tablier et continue en ces
termes :

LALANDE

L'emblême du travail est partout dans nos temples ;
Chaque objet à vos yeux en fournit les exemples.
Ce simple tablier du jeune Helvétius...

VOLTAIRE (l'interrompant)

Helvétius !... (Des larmes s'échappent des yeux du vieillard, il porte le tablier à ses lèvres
Hélas ! aux trésors de Plutus
Il préféra l'étude, et de sa destinée
Le sort trancha trop tôt sa trame fortunée !

LALANDE (montrant le tablier)

Naguère Helvétius le reçut parmi nous,
Il nous est précieux : il n'appartient qu'à vous.

Voltaire est conduit entre les deux colonnes, et, après la proclamation
d'usage, il remercie en ces termes :

VOLTAIRE

Dieu ! je puis obéir à ta voix souveraine !
      La lumière a frappé mes yeux.
      Prête à remonter dans les cieux,
Mon âme s'affranchit de sa terrestre chaîne.
L'auguste vérité allume son flambeau :
      Puisse-t-elle embrasser le monde !
      Et dissiper la nuit profonde,
De ses vils oppresseurs éclairer le tombeau !
Qu'aux yeux des nations sa céleste lumière
      Du genre humain montre les droits ;
      Désormais, instruisant les rois,
Qu'elle soit auprès d'eux la seule conseillère !
Vous, généreux amis, qui connaissez mon cœur,
      Recevez mon sincère hommage ;
      J'achève ici-bas mon voyage,
Mais chez vous seuls enfin j'ai trouvé le bonheur.

Voltaire prend place sur la colonne où un siége lui est préparé ;
Lalande donne la parole à l'orateur :

L'ORATEUR [1]

Quand ces fiers conquérants, maîtres de la Victoire,
Dans Rome paraissaient sur le char de la Gloire,

---

(1) La Dixmerie.

Un peuple de vaincus, échappé du trépas,
Rehaussait le triomphe et précédait leurs pas ;
De vingt rois détrônés les dépouilles sanglantes,
D'esclaves dans les fers les larmes suppliantes
Présentaient aux regards de ces cruels Romains
Le spectacle odieux du malheur des humains.
Un plus noble triomphe attendait ta vieillesse :
Instruits par tes leçons, les Français dans l'ivresse,
T'accueillaient dans ces murs comme un Dieu bienfaisant.
Un peuple t'environne ; il est reconnaissant ;
Il célèbre ton nom, rappelle tes ouvrages.
Ses pleurs, de son amour t'offrent les témoignages ;
Il vient avec transport embrasser tes genoux ;
L'envie est désarmée et n'a plus de courroux.
Quel beau jour, ô Voltaire ! et quel touchant hommage !
Bientôt la main des arts couronne ton image
Dans ce temple fameux où Melpomène en pleurs,
Montrant des passions les coupables erreurs,
Contre les préjugés vient invoquer l'histoire.
Sur tes cheveux blanchis les palmes de la gloire
D'un éclat éternel brillent à tous les yeux,
Et l'auditoire ému, dans ton front radieux,
Contemple le génie et les rides d'Homère.
La haine vit tomber son empire éphémère,
Et Zoïle, écrasé par tes lauriers vainqueurs,
N'osa plus à Sophocle envier ces honneurs.
Oui, le génie altier plane au-dessus des âges ;
Du temps, des factions il brave les orages ;
Et son essor divin, à la postérité
Ira porter ton nom et l'immortalité.

Touchant le sol heureux de ces rives si chères,
Tu trouvas des amis, mais tu voulus des frères ;
Et, quand l'univers suit tes immenses travaux,
Dans tes contemporains, quand tu n'as plus d'égaux ;
Quand ton siècle subit ta puissante influence,
Tu viens des francs-maçons honorer la science !
Au temple des Neuf Sœurs, sur leur autel sacré,
Tu donnes de ton nom le tribut révéré ;
La sagesse à ta voix ouvre son sanctuaire :
Tu veux y déposer ta gloire octogénaire !
O vieillard immortel ! vois, du séjour des dieux,
Aristote et Platon descendus en ces lieux !
Pythagore applaudit ; vois Socrate, Epicure...
Mais loin d'eux vois cette ombre... elle pleure et murmure,
C'est Calas... à nos cœurs il vient unir sa voix.
Du genre humain trompé tu défendis les droits ;
Jouis de tes vertus, de notre amour sincère ;
Tu seras des Français le vengeur et le père.

—

Une triple batterie d'enthousiasme couronna cette solennelle
initiation.

LA STATUE DE VOLTAIRE

(Couplets chantés dans une fête solsticiale d'une loge de Paris, à l'occasion de la souscription ouverte par le journal *le Siècle* pour élever une statue à Voltaire. — 1867).

I

Il n'est pas mort, rassurons-nous ;
A peine s'il sommeille ;
L'ennemi, lui tâtant le pouls,
Approche tout bas son oreille ;
S'apercevant qu'il bat encor,
Il s'abandonne à la colère.
Le peuple en un pieux transport
Dresse une statue à Voltaire.

II

Un grand homme ne meurt jamais,
Car sa parole est immortelle ;
Est-il mort ? L'on voit ses traits
Briller d'une vigueur nouvelle.
Supprimez le marbre et l'airain,
Ne laissez aucune matière ;
Dans son cœur, tout le genre humain,
Fera la statue à Voltaire.

III

Qu'a-t-il fait pour gagner les cœurs,
Lui qui n'avait pas la puissance,
Qui ne pouvait donner faveurs,
Ni titres vains, ni récompense ?
Des opprimés il fut l'appui
Sans jamais attendre salaire,
Et le peuple veut aujourd'hui
Donner sa statue à Voltaire.

IV

Qu'il monte sur un piédestal
Pour briller de loin comme un phare,
Sa main tiendra comme fanal
Son beau plaidoyer pour La Barre ;

Cette œuvre seule suffirait
A révéler son caractère,
Et le peuple qui s'y connaît
Donne une statue à Voltaire.

V

Quiconque aime la liberté
Et pratique la tolérance,
Celui qui veut l'égalité
Inscrite aux codes de la France ;
Tous les Français jusqu'au dernier,
Pour le grand homme qu'on révère,
Venant déposer leur denier,
Feront la statue à Voltaire.

VI

Les francs-maçons doivent deux fois,
Vénérer sa grande mémoire ;
Si du peuple il vengea les droits
Et de la France fut la gloire ;
Parmi nous il voulut s'asseoir
Quand il était octogénaire ;
Frères ! votons, c'est un devoir,
Pour une statue à Voltaire.

VII

(Ajouté en 1872)

Aujourd'hui, debout dans Paris,
Il rit des cris de la cabale,
Et semble dire avec mépris :
« Paris est toujours capitale. »
Six ans encore et l'on verra
Sa grande fête séculaire.
Toute la France fleurira
Ta noble statue, ô Voltaire !

AUTEUR ANONYME.

Evreux. — Hre. ÎRODIT, imprimeur.

EVREUX, TYPOGRAPHIE HIP. ROLT

www.ingramcontent.com/pod-product-compliance
Lightning Source LLC
Chambersburg PA
CBHW061710180626
46818CB00003B/1339